DELITO EN CASABLANCA

Guillermo Mendoza, comisario de policía de Sevilla (ver El caso del torero asesinadito en esta misma colección) y su novia María se han casado. Eligen Casablanca para su luna de miel, por una razón muy romántica: se conocieron viendo la famosa película con ese nombre. Saben que no encontrarán el Rick's Bar, que existió sólo en los estudios de Hollywood, pero esperan pasar una semana lejos de robos, asesinatos y delitos en general, conociendo Marruecos. Pero no todo puede ir como uno espera… Y un policía es siempre un policía.

TEXTO, EJERCICIOS Y NOTAS SUSANA MENDO
ASESORAMIENTO LINGÜÍSTICO VICTORIA SANZ SALELLAS
EDITING FIONA FRANDI
CUBIERTA MAXIMILIANO DE BATISTA

La Spiga languages

DELITO EN CASABLANCA
ALBOROTADORES

"Porque es un chico excelente, porque es un chico excelente, porque es un chico exceleeeenteeee, y siempre lo será, y siempre lo seraaá…"[1] Las pocas personas que se encontraban a las seis de la mañana de aquel Sábado 7 de mayo en el pequeño aeropuerto de Sevilla volvieron la vista al mismo tiempo hacia el grupo de alborotadores[2] que cantaba a voz en grito. Después vieron cómo un policía de guardia se acercaba a ellos para llamarles la atención. Pero, con gran escándalo de dos ancianas señoras inglesas (indignación que pareció contagiar a su perrito pekinés, porque éste empezó a lanzar agudos ladridos), el policía, después de comprobar de qué se trataba, se limitó a recomendar a los del grupo que bajasen el volumen. Después volvió sonriente a su puesto, con un clavel rojo en el bolsillo derecho de su pantalón. Al pasar por delante de las ancianas señoras, sin embargo, cambió de gesto, y les indicó severamente que hiciesen callar al perrito. Las señoras se quedaron con la boca abierta[3] y el perrito cerró la suya, para gran alivio de un turista japonés que estaba intentando seguir el ritmo de las palmas flamencas que ahora tocaba[4] el grupo.

El cual estaba formado por una docena de personas, más o menos, todos elegantemente vestidos pero con la ropa muy arrugada, y con aspecto de no haber dormido en toda la noche. Parecían, y eran, los invitados a una boda. Rodeaban a un hombre y una mujer, vestidos en cambio con ropa ligera y deportiva, aunque también con aspecto bastante cansado y con un par de mochilas[5] a sus pies. Parecían, y eran, dos recién casados que estaban a punto de salir para su viaje de novios. Después de la canción que le habían dedicado al hombre, ahora el grupo estaba cantándole una rumba flamenca a su esposa, que parecía bastante

1. Mira en un mapa la situación de Sevilla, en España, y de Casablanca, en Marruecos. Haz un dibujo aproximado de lo que has visto, uniendo las dos ciudades con un trazo discontinuo, e indica la distancia que existe entre las dos. Pon también en tu mapa las otras ciudades importantes de Marruecos, y las ciudades de Ceuta y Melilla.

2. Pon en orden cronológico las siguientes informaciones.

a) el policía mandó hacer callar al perrito.
b) el grupo se puso a cantar una canción.
c) las señoras inglesas abrieron la boca.
d) el policía les pidió a los del grupo que hiciesen menos ruido.
e) los viajeros que estaban en el aeropuerto miraron a la vez hacia los que gritaban.
f) los del grupo se pusieron a tocar palmas flamencas.
g) el policía se dirigió hacia su puesto.
h) el perrito se calló.
i) el policía se acercó a los del grupo.
j) el policía, hablando con los del grupo, comprendió que eran los invitados a una boda.

---

1. **"…Y siempre lo seraaá…":** *Versión española de la célebre canción* For he's a jolly good fellow.
2. **alborotadores:** *gente que alborota, o sea, que hace mucho ruido.*
3. **con la boca abierta:** *a causa de la sorpresa.*
4. **palmas… tocaba:** *golpear las palmas de las manos las unas contra las otras.*
5. **mochilas:** *especie de bolsa de viaje que se lleva sobre la espalda, para tener las manos libres.*

más joven que él. Ella recibía sonriente la despedida de sus amigos, pero su marido parecía realmente incómodo. No le ayudaba el hecho de que el japonés se hubiese unido a ellos y, riéndose a carcajadas[1], estuviese tomando clases de palmas flamencas.

LUNA DE MIEL

Dos hombres sobre los treinta años, uno muy alto y el otro bajito, observaban con una sonrisa las reacciones del recién casado.

—¡Pobre inspector… con lo reservado que es! Seguro que está deseando irse —dijo el más alto.

— ¡Quién nos habría dicho que íbamos a ver al comisario casado! ¿eh, Rubianes? —le contestó el bajito.

— ¡Desde luego, García, desde luego! Pero ha hecho bien, porque a su edad es bueno que forme una familia. Y ¡qué mujer, compañero! —exclamó Rubianes.

Por los altavoces se oyó un aviso:

—"Los viajeros del vuelo de Iberia 4057 con destino Casablanca, embarquen[2] por favor por la puerta 3."

La recién casada movió los brazos para pedir silencio y después dijo:

— Bueno, muchas gracias a todos por haber venido hasta aquí a despedirnos, pero ahora de verdad nos tenemos que ir, porque si no, vamos a perder el avión… ¡Hasta dentro de una semana, chicos!

Después de sus palabras hubo un lío de abrazos y besos, y por fin el inspector Guillermo Mendoza, de la policía de Sevilla, y su esposa María, consiguieron pasar sus mochilas y sus personas por el control de policía, dejando atrás gran movimiento de manos y gritos de "¡Adiós, adiós!"

Nada más pasar[3] el control, el inspector lanzó un suspiro de alivio.

— ¡Por fin! —dijo— ¡Vaya lío que han armado![4]

3. Haz un dibujo del grupo del aeropuerto, como tú te lo imaginas.

4. "¡Con lo reservado que es…!" quiere decir: "Yo sé que es muy reservado, y por eso es lógico que esté incómodo". Haz construcciones del mismo tipo, como en los ejemplos (con adjetivos y adverbios).

Ejemplos: **Es** muy **inteligente**, probablemente ganará la beca.. para ir a Salamanca.
Con lo inteligente que es, probablemente ganará la beca para ir a Salamanca.

a) Está muy ocupado, no te esperes que venga a la fiesta.
   Con lo ocupado que es, no te esperes...

b) Son muy antipáticos, es normal que no les invite nadie.
   Con lo antipáticos que son, es normal...

c) Es muy guapo, habrá tenido muchas novias.
   Con lo guapo que es, habrá...

d) Son muy ricos, es evidente que no se preocupan por ciertas cosas.
   Con lo rico que son, es evidente que...

---

1. **riéndose a carcajadas**: *riéndose con mucha fuerza y abriendo mucho la boca.*
2. **embarquen:** *entren en el avión.*
3. **Nada más pasar:** *un instante después de pasar.*
4. **…armado!:** *"armar un lío" quiere decir crear confusión.*

¿Qué necesidad tenían de venir a despedirnos al aeropuerto, medio borrachos, encima[1]? Si yo hubiese sido el policía de guardia, les habría arrestado a todos.

— Sí, pero no lo eres, eres sólo un grandísimo gruñón[2] —le contestó María, sonriendo— Anda, deja de protestar y escúchame: por lo menos en nuestra luna de miel, quiero que te olvides de infracciones a la ley y delitos en general, y que te concentres en nosotros. Me lo debes, por todas las veces que me has dejado plantada[3] porque estabas resolviendo un caso. Prométemelo.

El tono de la voz de María se había vuelto serio, y sus ojos miraban con resolución a Mendoza, esperando su respuesta. El comisario se arrodilló[4] en el suelo, y dijo con tono enfático[5]:

— ¡Prometo solemnemente que durante todo el viaje a Casablanca y resto de Marruecos, te querré, te mimaré, y me comportaré como un recién casado cualquiera, y no como un policía!

A esta declaración siguieron varios besos, que provocaron las risitas de un grupo de turistas italianos que salían del "Duty Free" con dos bolsas llenas de turrón de Alicante[6]. La pareja echó a correr hacia la puerta de embarque número 3.

EN EL AVIÓN

Guillermo Mendoza saboreaba feliz el zumo de naranja que les había dado la azafata (inexplicablemente, le encantaban los zumos que dan en los aviones), y hojeaba[7] la revista editada por la compañía aérea que había encontrado en el respaldo[8] de la butaca de delante. A la vez que se alejaba de Sevilla, se olvidaba también de su trabajo, y era una sensación agradabilísima, que no recordaba haber sentido nunca en sus veintidós años de carrera. Se sentía libre, relajado… y con mucho sueño. María, que nunca había conseguido dormir en un avión,

5. Forma frases según el modelo.

Ejemplo: Si (yo-saberlo), (yo-decírtelo).
   Si lo hubiera sabido, te lo habría dicho.

a) Si (yo-estar en su lugar), (yo-no comportarme de ese modo).
   Si yo estuviera en su lugar, no me habría comportado de ese

b) Si (yo-conocerte antes), (mi vida-ser totalmente distinta).
   Si yo conociera antes, mi vida habría sido...

c) Si (nosotros-poder), (nosotros-ir).
   Si pudi hubiéramos podido, habríamos ido.

d) Si (vosotros-ser más puntuales), (ellos-daros el trabajo).
   Si hubierais sido más p., ellos os habrían dado

e) Si (ellos-estudiar lo suficiente), (ellos-aprobar el examen).
   Si hubieran estudiado lo..., habrían aprobado...

f) Si (tú-no hacer ese viaje), (tú-no conocer a tu marido).
   Si no hubieras hecho, no habrías conocido...

g) Si (nosotros-tener dinero), (nosotros-comprarlo).
   Si hubiéramos tenido..., lo habríamos comprado

---

1. **encima:** *además, y es lo más importante.*
2. **gruñón:** *protestón.*
3. **plantada:** *"dejar plantado/a" a alguien significa no presentarse a una cita que se tiene con él o ella.*
4. **se arrodilló:** *se apoyó con las rodillas en el suelo.*
5. **tono enfático:** *voz alta y solemne. Se usa cuando se quiere dar mucha importancia a lo que se dice.*
6. **turrón de Alicante:** *dulce navideño español, a base de almendras, clara de huevo y azúcar.*
7. **hojeaba:** *pasaba las hojas de la revista y la leía distraídamente.*
8. **respaldo:** *parte de atrás de una silla, butaca etc. Es la parte donde se apoya la espalda.*

había empezado a charlar[1] con una señora rubia y gordita sobre los sesenta, su compañera del otro lado del pasillo. Mendoza cerró la revista y se sumergió en un sueño intermitente, del que a veces despertaba para escuchar partes de la conversación entre las dos mujeres, aunque se trataba más bien de un monólogo, porque hablaba solo la señora:

"Teresa, bueno, Tere, para los amigos…"

"Hay otra parejita de recién casados en el grupo. Están ahí delante, ¿los ves? Son ésos que están haciéndose fotos. Son muy simpáticos…"

"¡Ah, policía! ¡Qué bien! Así nos sentiremos todos más seguros. Sí, porque hay gente un poco rara en este avión. Fíjate por ejemplo en ese chico con chilaba[2] de ahí, el moreno con barba. Tiene una expresión rarísima, demasiado concentrada. Y escribe, y lee en ese librito, que seguro que es el Corán… Y esos dos hombres de negro no le quitan la vista de encima[3]. Igual son de la C.I.A., o algo así. Bueno, y luego está el señor ése del fondo. El de la gorra a cuadros y las gafas. Desde el aeropuerto, cada vez que por casualidad le miro, me mira y me sonríe…"

"Sí, hija[4], hace seis meses que me dejó solita... Un accidente… El hombre más bueno que te puedas imaginar... Era administrador en la fábrica de embutidos[5] Más, no sé si la conoces, vende mucho, por lo menos en Cataluña, y el señor Más siempre le decía: 'Casals, me fío de usted más que de mi madre', fíjate…"

El "flash" de una cámara de fotos le dio de lleno en los ojos al inspector. Se incorporó[6] un poco, y vio a los recién casados de los que había hablado la señora. Ella tenía la cámara en la mano, y él tenía delante un ordenador[7] portátil. Se reían a carcajadas. Les dedicó una larga mirada de reprobación, tan larga que se le fueron cerrando los ojos. De repente, tuvo la intuición de que, a pesar de su ruidosa alegría, no estaban realmente enamorados.

6. **Di si las siguientes afirmaciones son verdaderas (V) o falsas (F).**

	V	F
a) El inspector Mendoza se sentía un poco deprimido.	☐	☐
b) Al inspector le interesaba mucho la revista del avión.	☐	☐
c) La revista se encontraba debajo del asiento de Mendoza.	☐	☐
d) María se había puesto a hablar con la señora porque no le apetecía leer.	☐	☐
e) La señora era muy charlatana.	☐	☐
f) La señora creía que el de la chilaba era un terrorista o algo así.	☐	☐
g) El marido de la señora se había muerto por una enfermedad.	☐	☐

7. **La señora le dijo a María que se llamaba Teresa, y que era viuda, que su marido había muerto en un accidente seis meses antes. ¿Qué más le dijo la señora a María?**

   Le dijo que ....
   ....
   ....

---

1. **charlar:** *conversar, hablar.*
2. **chilaba:** *túnica recta de algodón o lino que llega hasta los pies, traje masculino típico árabe.*
3. **no le quitan la vista de encima:** *no dejan de mirarlo, le observan.*
4. **...hija...:** *vocativo afectuoso que usan entre sí las mujeres.*
5. **embutidos:** *salchichón, chorizo, salami, butifarra (típico embutido catalán).*
6. **se incorporó:** *se levantó un poco de donde estaba sentado.*
7. **ordenador:** *también se llama computadora, del inglés "personal computer".*

No como él y María, por lo menos. La miró, y ella le miró, con cómica cara de resignación: la viuda no callaba. El inspector cogió la mano de su esposa, y prosiguió su duermevela[1], ayudado por la monótona voz de la señora.

"Las desgracias nunca vienen solas... Un mes después de lo de[2] mi marido, me robaron en casa... La dejaron destrozada, y todas las cosas de mi Casals, tiradas por el suelo... ¡Y menos mal que yo estaba en Alicante, en casa de mi hija! Fue un trauma, un verdadero trauma."

"...Sí, y entonces decidí hacer yo sola la luna de miel a Casablanca que nuca pudimos hacer juntos, a causa de su trabajo. Nosotros nos conocimos viendo la película, ¿sabes? ¡Ah! ¿vosotros también? ¡Qué bonito! Pero, aunque no lo parezca, yo no estoy sola: yo llevo siempre a mi marido conmigo... No, no en el pensamiento, en una cajita."

Al oír esto, el inspector se despertó del todo. Miró a la señora de reojo[3].

"...Sí, porque no le enterré, le hice cremar, para poder conservar sus cenizas. Es una tontería, ya lo sé, pero... Yo soy una romántica. Las metí en una cajita que él tenía en su escritorio, y que no dejaba tocar a nadie, porque era un recuerdo de su madre. Así está con las dos mujeres que más ha querido. Cuando salgo de viaje, me lo llevo conmigo, no todo entero, claro, porque pesaría mucho. Me llevo la cajita con un cuarto de las cenizas. ¿Quieres verla?"

Y la señora empezó a buscar en su bolso, mientras María, con cara de susto[4], le decía que no era necesario. Mendoza se incorporó para ayudar a su esposa a evitar la visión de los restos mortales del buen Casals, pero la señora fue más rápida, y sacó triunfante del bolso una cajita cuadrada, dorada, que antes de su actual ocupación debió de servir para contener tarjetas de visita. El

8. **Busca en el texto las palabras o expresiones que tienen el mismo significado que éstas.**

   destruída: ....
   confío en: ....
   viaje de novios: ....
   por culpa: ....
   de golpe: ....
   seguía hablando: ....

9. **Responde a las siguientes preguntas.**

a) ¿Qué opinión tenía el señor Más del señor Casals?
   ....

b) ¿Por qué tuvo que abrir los ojos Mendoza?
   ....

c) ¿Qué estaba haciendo la pareja de recién casados que iba en el avión?
   ....

d) ¿Dónde estaba la señora cuando le robaron en su casa?
   ....

e) ¿Por qué la señora decidió ir sola a Casablanca?
   ....

f) ¿Qué se lleva la señora en todos sus viajes?
   ....

---

1. **duermevela:** *estado en el que uno duerme ligeramente y se despierta a menudo.*
2. **lo de:** *la señora se refiere a la muerte de su marido, de la que ya ha hablado antes.*
3. **de reojo:** *mirada lateral, sin mover la cabeza. La uso cuando no quiero que sepan que estoy mirando.*
4. **susto:** *miedo, espanto.*

"flash" de la cámara de los recién casados inmortalizó el momento. Desde luego, había gente muy rara en aquel avión.

POR LA CIUDAD

Cuando llegaron por fin a su alojamiento[1], un lujoso hotel de tres estrellas muy cerca del centro de la ciudad, los Mendoza se retiraron a su habitación. Allí almorzaron[2], y salieron de ella, con aspecto reposado y feliz, un poco antes de las cuatro de la tarde, hora prevista para la primera excursión programada por su agencia de viajes: "visita general de la ciudad en autocar gran turismo con aire acondicionado". Después, el programa preveía "tarde libre para realizar, si se desea, acompañados por un guía local, compras en la Medina" y cena "en uno de los más elegantes restaurantes de La Corniche, ante el majestuoso panorama del Océano". Bajaron al amplio recibidor del hotel, y allí encontraron ya a los demás componentes de su grupo[3]. Entre ellos se encontraba la viuda de Casals que, naturalmente, en cuanto los vio, se lanzó hacia ellos. Guillermo, a su vez, se lanzó hacia la recepción del hotel para pedir un plano de la ciudad.

— ¡Eh! ¡Yujuuu![4] ¿Habéis visto lo maravilloso que es este hotel? A mi Joan le hubiera gustado muchísimo... —dijo. Luego se acercó un poco más a María y añadió, más bajo— María, bonita, dile a tu marido que si puede vigilar un poquito a ese señor, pedirle la documentación o algo así. Sigue igual que antes.

Y doña Teresa con un gesto indicó al señor de la gorra a cuadros que, efectivamente[5], cuando vio que le miraba, le sonrió y hasta[6] se quitó la gorra.

— No sé, Tere, a lo mejor sólo intenta ser educado... —empezó a decir María. Pero no pudo seguir poque la señora la interrumpió.

— ¡Mira, ahí están mis amiguitos! —dijo, y señaló

10. Busca en el texto las palabras que tienen este significado.

a) "lamparita potente a pilas que sirve para hacer fotos cuando no hay suficiente luz": ....

b) "rectángulos pequeños de cartón fino donde la gente imprime su nombre y dirección": ....

c) "parte de una casa o edificio situada inmediatamente después de la puerta de entrada": ....

11. "En cuanto los vio" quiere decir: "un instante después de verlos". Otras expresiones equivalentes son: "al verlos" y "nada más verlos". Construye frases con las tres formas, como en el ejemplo.

Ejemplo: Los vio, y se lanzó hacia ellos.
   En cuanto los vio, se lanzó hacia ellos.
   Al verlos, se lanzó hacia ellos.
   Nada más verlos, se lanzó hacia ellos.

a) Los vio, y se puso a gritar.
   ....

b) Llegó a casa, y le llamó.
   ....

c) Le hicieron jefe, y dejó de hablar con nosotros.
   ....

---

1. **alojamiento:** *lugar donde uno se aloja, es decir, donde duerme cuando no está de viaje.*
2. **almorzaron:** *tomaron el "almuerzo" o comida del mediodía.*
3. **grupo:** *se refiere al grupo de turistas que les acompañaban en el viaje organizado por la agencia.*
4. **¡Yujuuu!:** *grito que sirve para llamar la atención. Es proprio de mujeres o de personas muy educadas.*
5. **efectivamente:** *demostrando que lo dicho es verdad en la realidad. Sinónimo: "de hecho".*
6. **hasta:** *incluso, aun.*

hacia la escalera, por donde bajaba la pareja de recién casados— Son de Tarragona, fíjate[1] que casualidad, y tienen una peluquería[2] en el centro. Iremos juntos después a la Medina. ¿Venís vosotros también?

— No, no creo —se apresuró[3] a decir María—. No queremos comprar nada, nos apetece sólo callejear[4]... A propósito, veo que Guillermo está estudiando el plano de la ciudad, voy a intentar ayudarle con el poco francés que sé. Nos vemos en el autocar, ¿eh?

— Sí, sí, hasta luego —dijo Doña Tere, y se fue hacia los peluqueros.

— ¡Cobarde! Me dejas sola ante el peligro —le dijo María a su marido cuando llegó a su lado.

— Tú te lo has buscado, por no querer dormir en el avión —le contestó Guillermo.

— Bueno, menos mal que se ha hecho muy amiga de otra pareja, y hoy se va con ellos —le informó María.

— Hoy, y siempre —le dijo su marido— No pienso pasar mi luna de miel junto a la señora y el señor Casals, aunque sea hecho cenizas.

— Ni yo tampoco. ¿Qué te has creído? —le respondió María.

— No sé, no sé, tú eres demasiado buena. Anda, vamos al autocar, que ya nos están llamando —dijo Guillermo.

DETECTIVES IMPROVISADOS

La excursión duró una hora, y fue muy instructiva: la ciudad desplegó[5] ante ellos todo su encanto, con sus grandes avenidas, sus edificios en estilo Art Déco, la imponente mezquita de Hassan II, y, por fin, la Medina, la calle del comercio, donde les dejó el autocar. Los esposos Mendoza abandonaron enseguida las calles más concurridas[6], y se adentraron[7] en el laberinto de calles de sabor auténticamente árabe: hicieron fotos a los puestos

12. Termina las frases.

a) La señora pensaba ir de compras por la tarde con los peluqueros porque ....

b) María dijo que iba a ayudar a su marido a leer el plano porque ....

c) Guillermo dijo que no quería ....

d) Guillermo pensaba que María ....

e) A los Mendoza les gustaba observar ....

13. Relaciona como en el ejemplo.

indicó	por primera vez
se apresuró	con el dedo
añadió	paró
señaló ———————————	una seña
informó	a una pregunta
respondió	abrió
interrumpió	algo más
desplegó	corriendo

---

1. **fíjate:** *observa.*
2. **peluquería:** *tienda donde los "peluqueros" lavan, cortan y peinan el pelo a la gente.*
3. **se apresuró:** *se dio prisa, lo hizo corriendo.*
4. **callejear:** *pasear por las calles.*
5. **desplegó:** *mostró, abriéndose.*
6. **concurridas:** *llenas de gente.*
7. **se adentraron:** *entraron por sitios estrechos.*

de fruta, a los que vendían pescado frito, y por fin se sentaron a la sombra de una acacia en una plaza. Pensaban entrar en el bar de enfrente, pero cuando se dieron cuenta[1] de que los clientes eran sólo hombres, abandonaron la idea. Estaban comiendo un poco de fruta que habían comprado, cuando María le dio un codazo[2] a su marido.

—¡Guillermo! ¡Ése es el del avión! —dijo, refiriéndose a un joven árabe con chilaba que, en una mesita del bar, discutía animadamente con otros dos jóvenes vestidos a la europea. Dos mesitas más atrás, los dos hombres de oscuro del avión no le quitaban los ojos de encima. De repente, los tres jóvenes se levantaron, cruzaron la calle, y entraron en un portal. Los de oscuro fueron detrás de ellos. María lo había observado todo atentamente.

— ¿Te has fijado, Guillermo? ¡Aquí pasa algo raro! ¿Y si fuera de verdad un terrorista islámico, como decía la viuda? —dijo, agitadísima.

— No creo —dijo Guillermo, mirando el plano— Anda, déjate de fantasías[3] y mira a ver si encontramos el modo de volver al hotel a cambiarnos para la cena.

— ¡No son fantasías! Mira que, aunque yo no sea policía, tengo mucho espíritu de observación, ¿eh? —respondió María, ofendida.

— No lo dudo, pero habíamos dicho que nada de policías en este viaje, y además, te digo que ese chico no es un terrorista islámico —dijo Guillermo, sin dejar de mirar el plano— La Avenida Muhammed V está cerca de nuestro hotel, ¿no?

—¿Y cómo lo sabes, vamos a ver? —exclamó María, ignorando el cambio de tema.

— Porque se llama Alí al Mansur, y es un famosísimo cantante francés de origen marroquí, que ha decidido volver a sus raíces[4] y grabar su próximo disco en Casablanca. Los dos de negro serán sus guardaespaldas —le respondió Mendoza.

14. Con la construcción "los de oscuro" nos referimos a unos hombres vestidos de oscuro que suponemos que nuestro interlocutor conoce, porque ya se ha hablado antes de ellos. Haz construcciones similares, como en el ejemplo.

Ejemplo: Viven en **Madrid**, ¿no te acuerdas?
   Son los de la casa en **Madrid**.

a) Tienen un hijo en Harvard, ¿no te acuerdas?
   ....

b) Estaban siempre jugando a las cartas, ¿no te acuerdas?
   ....

c) Los conocimos en la montaña, ¿no te acuerdas?
   ....

d) Los dos llevan barba, ¿no te acuerdas?
   ....

e) Tienen un coche rojo, ¿no te acuerdas?
   ....

15. **Di si, según el texto, las siguientes afirmaciones son verdaderas (V) o falsas (F).**

		V	F
a)	Los Mendoza compraron pescado frito.	☐	☐
b)	En el bar había un cartel que prohibía la entrada a las mujeres.	☐	☐
c)	María le pegó un golpe en el estómago a su marido.	☐	☐
d)	El joven de la chilaba estaba enfadado con los de oscuro.	☐	☐
e)	Los tres jóvenes entraron en un edificio por la puerta que daba a la calle.	☐	☐

---

1. **se dieron cuenta:** *comprendieron.*
2. **codazo:** *golpe con el codo.*
3. **déjate de fantasías:** *deja de hablar de fantasías.*
4. **volver a sus raíces:** *volver al lugar donde nació o de donde viene su familia.*

María se había quedado con la boca abierta.

— No basta la observación para ser un buen investigador, querida —prosiguió su marido, con voz engolada[1]. María puso una expresión incrédula, y él se echó a reír.

— En realidad, lo he leído en la revista del avión —dijo—. Si no hubieras estado charlando como una cotorra[2], habrías visto su foto en la primera página.

De las mesitas del bar se elevó un murmullo[3] indignado al observar cómo el inspector salía corriendo, perseguido por los bolsazos[4] que le daba su esposa. Desde luego, los europeos no sabían cómo tratar a sus mujeres.

EL ROBO

Eran las dos de la madrugada. Los Mendoza miraban las estrellas en el cielo de Casablanca desde la ventana de su cuarto. Había una paz maravillosa, tan maravillosa como había resultado su luna de miel hasta ese momento. Suspiraron a la vez y se echaron a reír. De repente, un portazo[5] y un agudo grito de mujer rompieron el silencio.

— ¡Socorro! ¡Me han robado! ¡Al ladrón, al ladrón!

— ¡Es la voz de Teresa! —dijo María, y se precipitó[6] hacia la habitación de la señora, que se encontraba en su mismo piso, el segundo, seguida por su marido.

La encontraron en camisón, tirada en el suelo, mirando debajo de la cama.

— ¡Joan, Joan! ¿Dónde estás? —decía, llorando.

Le habían robado las joyas y también la cajita con las cenizas de su marido. El médico del hotel le diagnosticó "estado de confusión mental, debido probablemente a la ingestión excesiva de somníferos[7]", la obligó a meterse en la cama y ordenó que le llevasen una infusión de valeriana[8]. María le acariciaba la mano, mientras la señora contaba, entre sollozos:

— Me ha despertado un ruido fuerte, como un dispa-

16. Completa las frases.

a) María se quedó con la boca abierta porque ....
....

b) Guillermo sabía todo sobre el joven de la chilaba porque ...
....

c) María le dio bolsazos porque ....

d) Guillermo y María dejaron de reír porque ....

e) La viuda de Casals estaba tirada en el suelo porque ....
....

f) El médico le ordenó que se metiera en la cama porque ...
....

17. Para narrar hechos anteriores al tiempo de la acción principal, podemos usar el Pretérito Pluscuamperfecto. Haz construcciones, como en el ejemplo.

Ejemplo: *Los ladrones escaparon, y poco después llegó la policía.*
Cuando llegó la policía, los ladrones ya habían escapado.

a) Yo salí, y después llegó mi marido.
....

b) Antes de irse del piso, limpió todas las huellas dactilares.
....

---

1. **con voz engolada:** *el tipo de voz con el que decimos cosas para darnos importancia.*
2. **charlando... cotorra:** *charlar/hablar mucho.*
3. **murmullo:** *el ruido que hacen varias personas al hablar en un volumen no muy alto.*
4. **bolsazos:** *golpes dado con un bolso.*
5. **portazo:** *ruido que hace una puerta al cerrarse de golpe.*
6. **se precipitó:** *fue corriendo.*
7. **somníferos:** *medicinas para poder dormir.*
8. **valeriana:** *hierba calmante.*

ro, he encendido la luz y he visto el cajón de la cómoda[1] en el suelo... Estoy segura de que acababan de entrar... Tenéis que encontrarlos... Mi Joan...

Mendoza dio una ojeada[2] a la habitación. Al lado de la ventana encontró una vistosa huella de zapato masculino sobre la ceniza tirada en el suelo. Era grande: por lo menos un 45[3]. Se asomó[4]: la ventana estaba abierta. La pared externa era perfectamente lisa, y no había cerca escaleras de incendio. No se podía entrar en el cuarto por allí. El portazo que María y él habían oído demostraba que el ladrón o ladrones habían entrado por la puerta. Entonces, ¿por qué esa huella?

—María —dijo— Aquí hay una huella. No dejes que nadie se acerque a la ventana.

— A sus órdenes, inspector —le contestó su esposa.

Guillermo le mandó un beso y bajó corriendo a la recepción. Allí preguntó al portero de noche si había visto entrar o salir a alguien desde la una de la madrugada, hora en la que habían vuelto todos de la cena en La Corniche, y las dos, cuando la señora había gritado. El portero dijo que no. En ese momento apareció el director del hotel, Mendoza se identificó como policía, y le aconsejó que no dejara salir a nadie, porque era muy posible que la o las personas que habían robado a la señora estuviesen todavía en el hotel. Volvió a subir al cuarto de la señora, y la encontró llorando, pero más tranquila, acompañada por María y por la pareja de peluqueros. Mendoza se acercó y le preguntó a la señora:

— ¿Cómo se encuentra?

— Mal, inspector, mal —le contestó ella. Al oír la palabra "inspector", los peluqueros lo miraron con interés— No lo entiendo: mis joyas no tenían mucho valor, y la cajita ninguno, era evidente. No les darán nada por ella, y en cambio a mí, me han quitado a mi pobre Joan... ¡Ahora sí que se me ha muerto para siempre!

18. Escoge cuáles de los siguientes adjetivos van con el verbo "ser", cuáles con "estar", y cuáles pueden ir con los dos. En este último caso, señala cuál es la diferencia de significado.

contento - interesante - feliz - bueno - verde - negro - simpático - alemán

SER	ESTAR

19. Mendoza le aconsejó al portero del hotel que no dejara entrar a nadie. Sus palabras pudieron ser: "No deje entrar a nadie, es mejor", o "Le aconsejo que no deje entrar a nadie" o "Yo que usted, no dejaría entrar a nadie" etc. Imagina cuáles pudieron ser las palabras que dijeron los sujetos en estas frases. Ten en cuenta la situación y la relación entre los personajes.

a) Su padre le aconsejó que se vistiese bien para la entrevista.
   ....
b) Sus abuelos le pidieron que les hiciese la compra, porque ellos estaban muy cansados.
   ....
c) El médico le ordenó que se metiese en la cama inmediatamente.
   ....

---

1. **cómoda:** *mueble que se suele poner en los dormitorios, con un espejo y cajones.*
2. **ojeada:** *mirada rápida.*
3. **...un 45:** *se refiere al número de zapato.*
4. **Se asomó:** *sacó la cabeza por la ventana, para mirar hacia afuera.*

Y rompió a llorar más fuerte.

— Señora... Quisiera hacerle una pregunta, si cree que puede responder —dijo el inspector.

Doña Tere asintió[1], sorbiendo por la nariz[2].

— En el avión me pareció oír que su marido trabajaba para el industrial Más, el de los embutidos de Tarragona. ¿Se trata del mismo Más al que hace un año se sospechó implicado[3] en el caso Matutes, y que se suicidó antes de prestar declaración[4] ante el juez?

— Sí, inspector, pero lo hizo porque era inocente. Me lo dijo mi Casals, que siempre había creído en él, y que... —contestó la señora, con fervor[5].

Los peluqueros se levantaron.

— Está usted contando cosas muy privadas, Tere, nosotros nos vamos, así puede usted hablar con más libertad. Si nos necesita, estamos en nuestro cuarto —le dijo la mujer. Su marido asintió, y salieron de la habitación.

— Gracias, Tere, y perdone, pero era necesario. María, no dejes entrar a nadie más —dijo Mendoza, y salió él también.

UN CASO INTERNACIONAL

Cuando el inspector Yussuf Mauhan, de la policía de Casablanca, entró en el hotel, encontró a un hombre largo y flaco en pijama sentado ante el ordenador de la recepción. El hombre le hizo señas de que se acercase.

— ¿Habla usted español? —le preguntó.

— Sí, estudié en Ceuta[6]. Pero, ¿se puede saber quién es usted? —le contestó, enfadado, Yussuf.

— Me llamo Guillermo Mendoza. Soy un comisario español de policía que se aloja en este hotel. Mi mujer y yo hemos conocido en el avión a la víctima del robo. Tengo razones para creer que este caso está relacionado con un asunto de reciclaje de dinero sucio[7] en España, y que la persona o personas que han cometido el robo se

20. **Di si las siguientes afirmaciones, según el texto, son verdaderas (V) o falsas (F).**

		V	F
a)	El jefe del señor Casals había estado relacionado con un asunto de reciclaje de dinero sucio.	☐	☐
b)	El señor Más fue asesinado.	☐	☐
c)	Los peluqueros dijeron que esperaban fuera de la puerta mientras Doña Tere hablaba con Mendoza.	☐	☐
d)	Mendoza no quiso que nadie más hablase con la viuda.	☐	☐
e)	El inspector Mauhan conocía ya a Mendoza.	☐	☐
f)	Guillermo Mendoza no hablaba francés.	☐	☐

21. **Cuéntale a alguien, como si hubiera sucedido ayer (estilo indirecto pasado) la conversación entre Mendoza y la viuda de Casals. Recuerda que para narrar acciones anteriores a las de la acción principal, usamos el Pto. Pluscuamperfecto, y que las situaciones van en Pto. Imperfecto, como en el ejemplo.**

Ejemplo: *"...El inspector dijo que le había parecido oír, cuando estaban en el avión, que el marido de la señora trabajaba..."*

....
....
....

---

1. **asintió:** *dijo que sí con la cabeza.*
2. **sorbiendo por la nariz:** *respirando fuerte hacia adentro.*
3. **implicado:** *que tenía que ver con un asunto, que formaba parte de él.*
4. **prestar declaración:** *testimoniar, decir lo que se sabe de un asunto que la policía está investigando.*
5. **con fervor:** *muy convencida.*
6. **...en Ceuta:** *Ceuta y Melilla son dos provincias españolas en el norte de África.*
7. **dinero sucio:** *dinero procedente de actividades delictivas.*

encuentran en el hotel. Acérquese, por favor —dijo, mostrándole la pantalla[1] del ordenador— He pedido a mis dos más directos colaboradores que me manden información por correo electrónico[2], y acaba de llegar.

El inspector Mauhan se acercó, interesado. En otra ocasión, unos modales[3] tan bruscos como los del desconocido lo habrían enfurecido, pero había algo en la mirada del español, algo que quizá sólo entre policías se comprende, que le hizo ponerse a leer en la pantalla. A la lectura siguió una breve conversación entre los dos hombres, que después subieron al cuarto de la señora. El inspector marroquí observó la huella, y después ordenó que se presentase ante él el personal de limpieza. Poco después llegaron tres jóvenes en bata[4] y con cara de sueño. Por ellas se pudo saber que había un solo cliente con zapatos tan grandes: un español muy alto, con gafas, que llevaba siempre un gorra a cuadros. La guía del grupo de españoles les dio el nombre: Félix Gómez, de Tarragona. El director abrió la habitación, que estaba al lado de la de Doña Tere, pero la encontraron vacía: el señor Gómez había desaparecido.

El inspector Mauhan ordenó que los españoles del grupo de la agencia "Turislux" bajasen al salón inmediatamente, acompañados por su guía.

ZAPATOS

En el salón se habían reunido treinta personas. Estaban todos en pijama, a excepción de los peluqueros, que se habían vestido, explicaron, porque ya no podían dormir. Eran las tres de la mañana, y la sensación general era de desconcierto[5]. Mauhan empezó a hablar:

— Tenemos fundadas sospechas[6] de que uno de ustedes, el señor Gómez, es el ladrón de las joyas de la señora Casals. Queremos que nos digan todo lo que puedan recordar sobre él.

22. Pon en orden cronológico las siguientes informaciones.

a) El personal de limpieza se presentó ante Mauhan.
b) Mendoza y Mauhan leyeron en la pantalla del ordenador.
c) La guía les dijo el nombre del de la gorra de cuadros.
d) El policía marroquí y el español subieron al cuarto de la señora Casals.
e) Mauhan pidió hablar con el personal de limpieza del hotel.
f) Mauhan observó la huella.
g) Mendoza y Mauhan estuvieron hablando en el recibidor del hotel.
h) Todos vieron que la habitación del señor Gómez estaba vacía.

23. "Acaba de llegar" quiere decir: "Ha llegado hace unos instantes". "Ha dejado de fumar" quiere decir: "Antes fumaba pero ahora ya no". Haz frases con las dos perífrasis (ACABAR DE + infinitivo y DEJAR DE + infinitivo).

a) Ha llegado ahora mismo.
   ....
b) Ya no fuma.
   ....
c) Antes estaba aquí. En este instante se ha ido.
   ....

---

1. **pantalla:** *es la parte de una televisión, monitor o cine donde se ven las imágenes. Es cuadrada o rectangular.*
2. **correo electrónico:** *e-mail.*
3. **modales:** *formas de comportarse en sociedad.*
4. **bata:** *especie de túnica abierta que se usa en casa sobre la ropa interior, pijama o camisón.*
5. **desconcierto:** *sensación de no saber qué es lo que está sucediendo a nuestro alrededor.*
6. **fundadas sospechas:** *sospechas que se fundan sobre bases ciertas.*

Los españoles se pusieron a hablar todos a la vez, como suelen hacer, y allí no se entendía nada. Al final, resultó que[1] nadie sabía mucho sobre el señor, que había sido muy reservado durante todo el viaje. Los peluqueros estaban hablando de las sospechas de la viuda sobre Gómez, cuando llegaron dos hombres de Mauhan con un par de zapatos enormes en las manos, y una bolsa de viaje azul. Los peluqueros palidecieron[2].

— ¿Por qué no siguen con su historia, señores? —les preguntó Mendoza— ¿No será que la vista de esos zapatos les crea problemas? ¿O es que tienen miedo de no haber conseguido limpiar bien la ceniza de la ropa que llevaban en el restaurante, la ropa con la que han entrado en la habitación de la señora Casals?

La presunta[3] peluquera sacó una pistola y agarró a María, que se encontraba a su lado, por el cuello. Le apuntó la pistola a la cabeza.

— Si no quieres quedarte viudo tú también, haz el favor de decirles a esos moros[4] que nos dejen salir, ¡Rápido!

La pareja salió del salón, con María por delante, y llegó al recibidor. De repente, una viuda Casals alucinada[5] (luego se supo que la infusión que le habían dado no era de valeriana, sino de otra hierba más fuerte que alguien, distraídamente, había olvidado en la cocina) apareció en lo alto de la escalera y gritó:

— ¡Joan, Joan, has vuelto!

Los peluqueros miraron hacia arriba, momento que aprovechó María para pegarle un golpe en el estómago a su secuestradora y soltarse. En el mismo momento, la puerta giratoria del hotel se abrió, y un señor con gorra de cuadros y gafas, descalzo, se echó encima del peluquero, tirándole al suelo. Mendoza se lanzó sobre la mujer y le quitó la pistola. Pocos minutos después, la policía marroquí se llevaba la pareja a la comisaría.

24. **Busca las palabras o expresiones que tienen el mismo significado que éstas en el texto.**

    hacen normalmente: ....

    supuesta: ....

    grandísimos: ....

    sin darse cuenta: ....

    la parte más alta: ....

    liberarse: ....

    sin zapatos: ....

25. **Haz un dibujo de la escena del recibidor, con Doña Tere en la escalera, la pareja con María como rehén, los policías etc., como tú te la imaginas.**

---

1. **resultó que:** *se pudo saber que.*
2. **palidecieron:** *se pusieron "pálidos", sus caras se pusieron blancas por el miedo o el nerviosismo.*
3. **presunta:** *que "presumimos", suponemos, que es una cosa, pero no tenemos pruebas de ello.*
4. **moros:** *modo popular español de llamar a los árabes.*
5. **alucinada:** *que tenía alucinaciones, que veía cosa que no existían en la realidad.*

EXPLICACIONES

Tres horas después, desayunando en el restaurante del hotel, Mendoza explicaba cómo había llegado, junto con Mauhan, a la solución del caso:

—Enseguida pensé que ningún ladrón de este mundo se llevaría una caja de metal sin valor, y además con cenizas de muerto dentro: evidentemente, el robo de las joyas era una cortina de humo[1] para el robo de la cajita. En la información confidencial que me mandaron mis colaboradores desde España, se hablaba de una agenda comprometedora[2] a la que el difunto[3] señor Más había hecho alusión en conversaciones telefónicas intervenidas[4] por la policía, diciendo que estaba "en lugar seguro". Pensé enseguida que, dada la confianza que el empresario tenía en Casals, la agenda se la podría haber dado a él y que éste la podría haber escondido en un objeto aparentemente inocente como una cajita que tenía doble fondo recuerdo de su madre. La mafia con la que estaba relacionado Más debió de enterarse. Después de la muerte, quizá no accidental, del señor Casals, intentaron robar la cajita en su casa, sin saber que Doña Tere la llevaba siempre consigo[5] en los viajes. Entonces debieron de pensar que el modo mejor para quitársela era en uno de ellos. Mandaron a los dos falsos peluqueros para que se hiciesen amigos de la señora. En el avión consiguieron identificar y hacerle una foto a la cajita. No sé cómo no me pareció extraño, ahora que lo pienso, que una pareja de peluqueros se llevase un ordenador portátil en su luna de miel. En fin, no estaba de servicio. Durante la cena en La Corniche, probablemente le pusieron somníferos en la bebida a la señora. Antes, en el paseo por la Medina, el peluquero había acompañado al señor Gómez a un baño turco[6].

—¡Exactamente! —exclamó el señor Gómez— Y allí fue donde ese canalla[7] me dio un golpe en la cabeza,

26. Di si las siguientes afirmaciones, según el texto, son verdaderas (V) o falsas (F).

		V	F
a)	Los ladrones estaban interesados en las joyas.	☐	☐
b)	En las conversaciones telefónicas que la policía había intervenido, el señor Más hablaba de una agenda que no sabía dónde esconder.	☐	☐
c)	Más no se fiaba de Casals.	☐	☐
d)	Casals escondió la agenda en el doble fondo de la cajita.	☐	☐
e)	El inspector Mendoza insinuó que la muerte del señor Casals pudo haber sido un asesinato.	☐	☐

27. Formula hipótesis con DEBER DE + infinitivo, Futuro y Futuro Perfecto, a partir de las siguientes frases, en las que también se formulan hipótesis.

Ejemplo: Quizás ha encontrado tráfico.
   Habrá encontrado tráfico / Debe de haber encontrado tráfico.

a) A lo mejor está enfermo.
   ....

b) Es casi seguro que ha llamado.
   ....

c) Puede que tenga veinte años.
   ....

---

1. **cortina de humo:** *algo que sirve para distraer la atención.*
2. **agenda comprometedora:** *una agenda es un cuadernito con nombres, direcciones y teléfonos de gente que conocemos. Ésta podía "comprometer", es decir, dar a conocer el nombre de otras personas relacionadas con el asunto.*
3. **difunto:** *manera formal de decir "muerto".*
4. **intervenidas:** *conversaciones que la policía intercepta, escucha sin que lo sepan los que hablan.*
5. **consigo:** *con ella.*
6. **baño turco:** *baños de vapor públicos reservados a un público masculino, propios del mundo árabe.*
7. **canalla:** *mala persona. Lo mismo, más tarde, "sinvergüenza".*

y me robó los zapatos y la cartera[1]. Los del baño turco me creyeron dormido, y no me hicieron caso[2] hasta la noche. Cuando vieron que no tenía dinero, me echaron a la calle, y tuve que venir andando, perdiéndome mil veces y muerto de miedo, hasta el hotel. Cuando vi a ese sinvergüenza en la puerta giratoria, yo…

— ¡Qué valor tuvo usted! —dijo la señora Teresa, mirándole con simpatía. El señor Gómez enrojeció[3].

— Los peluqueros pensaban desviar las sospechas hacia el señor Gómez, y escapar inmediatamente. Pero algo les salió mal[4] —prosiguió Mendoza— la señora resultó más resistente a los somníferos de lo que pensaban, y se despertó cuando ellos aún estaban en la habitación. Sin saber dónde poner los zapatos, los tiraron por la ventana, pensando que nadie los encontraría. Luego salieron corriendo del cuarto, dando un portazo, y corrieron a su habitación a cambiarse rápidamente y ponerse el pijama. No les dio tiempo a limpiar la ceniza de su ropa. Cuando supieron que yo era un policía español, decidieron escapar inmediatamente, pero no se lo permitimos. Fingimos creer que el culpable era el señor Gómez, para retenerles[5] en el salón mientras buscábamos las pruebas. Los zapatos habían caído en un cactus que estaba bajo la ventana de Doña Tere. La cajita con la agenda y las joyas las encontramos, como ustedes saben, en el bolso con el que la señorita había bajado al salón.

— Una operación rápida y magistral —dijo María.— Lo único que espero es que sea la última del viaje.

— Te lo prometo —dijo Guillermo.

— Ya… Eso es lo malo[6] —le contestó su esposa, suspirando.

28. Di si las siguientes frases, según el texto, son verdaderas (V) o falsas (F).

	V	F
a) Al señor Gómez le gustaba la señora Casals.	☐	☐
b) A los falsos peluqueros no les dio tiempo de esconder los zapatos, ni de limpiarse la ropa.	☐	☐
c) Cuando bajaron al salón, los falsos peluqueros estaban vestidos porque pensaban escapar.	☐	☐
d) Mauhan y Mendoza hicieron bajar a los turistas al salón para buscar pruebas en la habitación de los falsos peluqueros.	☐	☐
e) La agenda estaba en la bolsa azul de viaje.	☐	☐

29. Cuenta la aventura del señor Gómez a otra persona. No cambiará el tiempo de la acción, pero sí los pronombres, los verbos ir/venir.

....
....
....
....
....

---

1. **cartera:** *especie de bolsito cuadrado de piel o plástico donde se lleva el dinero.*
2. **no me hicieron caso:** *no se ocuparon de mí.*
3. **enrojeció:** *su cara se puso roja.*
4. **les salió mal:** *cuando hago bien una cosa gracias a mi habilidad, digo que "me ha salido bien", cuando el resultado no es el que yo esperaba, digo que "me ha salido mal".*
5. **retenerles:** *no dejarles salir.*
6. **Ya... Eso es lo malo:** *sé que es como tú dices... Eso es lo que me preocupa (porque también al principio del viaje lo prometiste, y mira lo que ha pasado).*

• PRIMERAS LECTURAS •

Arciniega	TERREMOTO EN MÉJICO D.F.
Cerrada Dahl	TITANIC
de la Helguera	LA MÁSCARA DE BELLEZA

• LECTURAS SIMPLIFICADAS •

Anónimo	EL LAZARILLO DE TORMES
Arciniega	EL CID CAMPEADOR
Arciniega	EVITA PERÓN
Arciniega	LOS SUPERVIVIENTES DE LOS ANDES
Cervantes	DON QUIJOTE DE LA MANCHA
Cervantes	RINCONETE Y CORTADILLO
Mendo	EL CASO DEL TORERO ASESINADITO
Mendo	DELITO EN CASABLANCA
Shelley	FRANKENSTEIN
Toledano	EL TRIÁNGULO DE LAS BERMUDAS
Ullán Comes	EL VAMPIRO

• LECTURAS SIN FRONTERAS •

Arciniega	AMISTAD
Tirso de Molina	EL BURLADOR DE SEVILLA

• CLÁSICOS DE BOLSILLO •

Alarcón	EL SOMBRERO DE TRES PICOS
Anónimo	EL LAZARILLO DE TORMES
Bécquer	LEYENDAS
Calderón de la Barca	LA VIDA ES SUEÑO
Cervantes	NOVELAS EJEMPLARES
Clarín	CUENTOS
de Rojas	LA CELESTINA
Galdós	TRAFALGAR
Quevedo	EL BUSCÓN
Lope de Vega	NOVELAS A MARCIA LEONARDA
Zorrilla	DON JUAN TENORIO

• EASY READERS •

Alcott	LITTLE WOMEN
Barrie	PETER PAN
Baum	THE WIZARD OF OZ
Bell	PLAY WITH ENGLISH GRAMMAR
Bell	PLAY WITH ENGLISH WORDS
Bell	PLAY WITH THE INTERNET
Brontë	WUTHERING HEIGHTS
Burnett	THE SECRET GARDEN
Carroll	ALICE IN WONDERLAND
Cooper	THE LAST OF THE MOHICANS
Coverley	THE CHUNNEL
Coverley	THE GREAT TRAIN ROBBERY
Defoe	ROBINSON CRUSOE
Demeter	ATTACK ON FORT KNOX
Demeter	JOHNNY THE GODFATHER
Dickens	A CHRISTMAS CAROL
Dickens	OLIVER TWIST
Dolman	KING ARTHUR
Dolman	ROBIN HOOD STORIES
Dolman	THE LOCH NESS MONSTER
Dolman	THE SINKING OF THE TITANIC
Dolman	THE STORY OF ANNE FRANK
Grahame	THE WIND IN THE WILLOWS
Haggard	KING SOLOMON'S MINES
Hetherington	THE BATTLE OF STALINGRAD
James	GHOST STORIES
Jerome	THREE MEN IN A BOAT
Kingsley	THE WATER BABIES
Kipling	JUNGLE BOOK STORIES
London	THE CALL OF THE WILD
London	WHITE FANG
Melville	MOBY DICK
Poe	BLACK TALES
Raspe	BARON MÜNCHHAUSEN
Scott	AMERICAN INDIAN TALES
Scott	FOLK TALES
Scott	IVANHOE
Shakespeare	ROMEO AND JULIET
Shakespeare	MIDSUMMER NIGHT'S DREAM
Shelley	FRANKENSTEIN
Spencer	THE GIRL FORM BEVERLY HILLS
Stevenson	DR JEKILL AND MR HYDE
Stevenson	TREASURE ISLAND
Stoker	DRACULA
Stowe	UNCLE TOM'S CABIN
Swift	GULLIVER'S TRAVELS
Twain	TOM SAWYER
Twain	HUCKLEBERRY FINN
Twain	THE PRINCE AND THE PAUPER
Wallace	KING KONG
Wrenn	PEARL HARBOR
Wright	DRACULA'S TEETH
Wright	ESCAPE FORM SING-SING
Wright	THE ALIEN
Wright	THE BERMUDA TRIANGLE
Wright	THE MUMMY
Wright	THE MURDERER
Wright	THE NINJA WARRIORS
Wright	THE WOLF
Wright	YETI THE ABOMINABLE SNOWMAN

• POCKET CLASSICS •

Bierce	FANTASTIC FABLES
Chesterton	THE SCANDAL OF FATHER BROWN
Conrad	HEART OF DARKNESS
Crane	THE RED BADGE OF COURAGE
Dickens	A CHRISTMAS CAROL
Dickens	THE CRICKET ON THE HEARTH
Dickinson	💿 SELECTED POEMS
Doyle	SHERLOCK HOLMES
Doyle	THE SIGN OF FOUR
Hardy	WESSEX TALES
James	AN INTERNATIONAL EPISODE
James	THE TURN OF THE SCREW
Jerome	THREE MEN IN A BOAT
Lawrence	THE VIRGIN AND THE GIPSY
London	THE CALL OF THE WILD
London	WHITE FANG
Mansfield	IN A GERMAN PENSION
Melville	BILLY BUDD, SAILOR
Poe	THE MURDERS IN THE RUE MORGUE
Shakespeare	💿 ANTONY AND CLEOPATRA
Shakespeare	AS YOU LIKE IT
Shakespeare	💿 A MIDSUMMER NIGHT'S DREAM
Shakespeare	MUCH ADO ABOUT NOTHING
Shelley	💿 FRANKENSTEIN
Stevenson	DR JEKYLL AND MR HYDE
V.A.	💿 THREE WOMEN SIX STORIES
V.A.	💿 WOMEN'S TALES OF MYSTERY
Wharton	ETHAN FROME
Whitman	LEAVES OF GRASS
Wilde	💿 AN IDEAL HUSBAND
Wilde	LORD ARTHUR SAVILE'S CRIME
Wilde	💿 THE IMPORTANCE OF BEING EARNEST
Wilde	THE PICTURE OF DORIAN GRAY

© 2001 *La Spiga languages* • IMPRIME **TECHNO MEDIA REFERENCE** • MILÁN • ITALIA
DISTRIBUIDO POR **MEDIALIBRI** S.R.L. VIA IDRO 38, 20132 MILÁN • ITALIA • TEL. 0227207255• FAX 022567179